Б 54 1079

DE

LA PHYSIOCRATIE

OU

DES POUVOIRS POLITIQUES

SELON LA NATURE DES CHOSES SOCIALES

LETTRES D'UN ARISTOCRATE A UN DÉMOCRATE

PAR A. LASSERRE

> Si un peuple réussit à balancer et à pondérer l'un par l'autre les trois éléments constitutifs de toute société : *l'élément monarchique, l'élément aristocratique* et *l'élément démocratique*, alors, au lieu de révolutions périodiques et douloureuses, il jouira d'un bonheur et d'un repos absolus.
>
> VICO, *Science nouvelle.*

PARIS

GARNIER FRÈRES, LIBRAIRES

RUE RICHELIEU, 10, ET PALAIS-NATIONAL, 215

1850

DE

LA PHYSIOCRATIE

Paris. — Typographie Panckoucke, rue des Poitevins, 8 et 14.

DE

LA PHYSIOCRATIE

OU

DES POUVOIRS POLITIQUES

SELON LA NATURE DES CHOSES SOCIALES

LETTRES D'UN ARISTOCRATE A UN DÉMOCRATE

PAR A. LASSERRE

PARIS
GARNIER FRÈRES, LIBRAIRES
RUE RICHELIEU, 10, ET PALAIS-NATIONAL, 215

1850

L'auteur n'est pas un écrivain. Il n'a guère écrit dans sa vie, déjà bien longue, que des lettres de commerce, car, quoique grand partisan de l'aristocratie, il n'est qu'un enfant du peuple. Mais il a cru pouvoir espérer que le lecteur, sans s'arrêter aux défauts et aux pauvretés du style, voudrait bien ne s'attacher qu'à la pensée, ici l'objet essentiel.

Ces lettres n'étaient pas destinées à la publicité. Elles n'avaient été écrites d'abord que dans un but d'affection particulière, et quelque peu aussi par point d'honneur et pour soutenir une thèse posée et vivement combattue dans une discussion entre amis d'opinions diverses.

Quelques-uns de ces amis y ayant vu la question sociale envisagée sous un aspect nouveau, qui leur a paru le vrai, ont pensé que leur publication pourrait être utile. Reconnaissant avec l'auteur que toutes nos calamités, depuis soixante ans, provenaient de la violation des lois naturelles de l'ordre social dans notre organisation politique, ils ont dû remarquer avec regret que les soutiens actuels de la société semblent s'être dévoués à sa défense plutôt par instinct et par devoir que par un sentiment éclairé de ses droits et des conditions de son existence.

En effet, parmi ces défenseurs de la société, tous convaincus de l'impuissance du régime actuel, y en a-t-il qui proposent un moyen capable de la mettre à l'abri des dangers dont elle est menacée? Ceux en qui le pays aurait aimé à se confier, paraissent avoir perdu leurs convictions, ou du moins gardent un silence qui, de leur part, semble n'indiquer que des doutes sur la bonté de leur cause, ou une espèce de désespérance. D'autres ne trouvent rien de mieux à faire que de recommencer la triste expérience du régime impossible de Juillet, même sans s'accorder entre eux sur le choix du chef de l'État; d'autres ne voient de salut que dans la *politique royale*, c'est-à-dire dans le pouvoir absolu de la Légitimité, et d'autres, enfin, dans la *politique impériale*, c'est-à-dire dans le despotisme de l'Empire.

Mais aucuns ne songent à rentrer dans l'ordre naturel des choses, ne proposent de revenir à un système dont l'efficacité et la bonté sont éprouvées; aucuns n'osent présenter un programme auquel le pays puisse se rallier avec confiance et sans crainte de compromettre plus gravement encore ou son repos ou sa liberté.

Ces amis de l'auteur ont jugé que ce petit écrit pourrait contribuer à ramener les esprits dans la voie de la vérité sociale, qu'il pourrait fournir les bases d'un tel programme.

Malgré sa déférence pour leur opinion, l'auteur a hésité quelque temps, parce que son avis est que de telles idées, dans des circonstances si critiques, demandent une main puissante qui les mette en pratique, et ne veulent pas être jetées dans l'arène de la discussion publique, où elles ne peuvent guère qu'être foulées, inaperçues ou dédaignées. Mais il lui a été dit qu'il s'agissait d'un devoir à remplir; cette considération a dû le décider.

C'est par devoir aussi que, pour la première fois, il met son nom sur un livre à une toute autre place que celle qu'il avait occupée jusqu'à ce jour sur des livres.

LETTRES
D'UN ARISTOCRATE A UN DÉMOCRATE.

LETTRE PREMIÈRE.

Paris, 26 juillet 1848.

Les bonnes nouvelles que vous m'avez données m'ont fait un indicible plaisir. C'est à merveille, mon jeune ami, et continuez comme vous avez commencé. Vous ne trouverez de docilité que tout autant que les esprits ne se croiront pas atteints dans ce qu'ils ont de plus précieux, leur libre arbitre. Si la république est le meilleur des gouvernements, qui pourrait ne pas l'aimer, ne pas le préférer à tout autre? Mais la preuve est encore à faire et, par malheur, nous n'avons pas encore une vraie république. Jusqu'ici je n'ai vu qu'anarchie et dictature; de république, point. Et il faut que je vous dise mon sentiment : avec les idées de nos réformateurs actuels, l'établissement d'une république régulière est chose impossible.

C'est pourquoi je considère comme un devoir d'amitié d'essayer de vous éclairer sur la situation, de vous conseiller, afin que vous vous prépariez aux difficultés que j'entrevois pour vous dans un avenir prochain, afin que vous puissiez vous prémunir contre les périls dont votre position nouvelle doit être inévitablement entourée.

Hélas! cher ami, tout ce qui s'est produit depuis *février*, qui n'est, vous le savez bien, que l'accomplissement littéral de ce que j'avais prévu avant *février*, n'est pas fait pour changer mes convictions. Il n'y a pas de jour qui n'amène, au contraire, de nouveaux motifs pour les raffermir.

Ne vous le disais-je pas? Les moyens par lesquels vous prétendez améliorer notre situation ne feraient que l'empirer. Cette corruption, ces symptômes de désorganisation sociale que vous déplorez si amèrement, ne sont produits que par l'excès d'élément démocratique introduit dans notre constitution après la fatale révolution de *juillet*; et si, comme vous le voulez, on donnait à cet élément un nouveau et plus large développement, tout serait perdu, nous arriverions dans peu au bouleversement de la société.

Cet élément a tout dominé; il a été seul maître. Vous avez vu les tristes résultats de son triomphe. Fasse le ciel que, dans ce combat horrible entre la société et l'anarchie, dont nous avons été les témoins, la liberté n'ait point péri!

C'est parce que je pressentais ce terrible danger pour la liberté, que je redoutais si vivement l'avénement de la république. Non pas que je crusse cette forme de gouvernement incompatible avec la liberté : quoique bien certain que même la meilleure des formes républicaines n'est pas encore celle qui lui est le plus favorable, je reconnais pourtant que la liberté peut subsister avec elle. Mais je voyais que les promoteurs avoués de la république, même les mieux intentionnés, n'avaient tous que les plus fausses idées sur la nature de ce gouvernement. Je les voyais d'une inintelligence telle à cet égard, qu'ils affectaient de repousser toutes les conditions auxquelles seules cette forme de gouvernement soit praticable. Je les voyais courir, avec une étourderie d'enfant, après une forme non définie, un vain mot, qui semblait pourtant être leur seul but, et ne se doutant pas que, ce but atteint, ils auraient tout bouleversé, sans autre résultat pour eux-mêmes que leur propre ruine et leur propre déconsidération.

Comment n'aurais-je pas résisté à ces folies, moi qui n'ai jamais considéré la forme que comme un moyen? moi qui n'ai jamais eu que le plus profond mépris pour la forme, si la forme devait m'écarter du but, qui est la liberté?

Pour moi la liberté est tout; elle comprend tout. Sans elle, à mes yeux, l'humanité n'est plus qu'au niveau des brutes : avec le despotisme, un troupeau de bêtes de somme sous le fouet; avec l'anarchie, une troupe de loups s'entre-dévorant.

Jugez quelle a dû être ma douleur, lorsque j'ai vu cette facilité avec laquelle a pu s'établir la dictature dans ce triste pays, naguère d'une susceptibité si irritable à l'endroit de sa liberté, alors toujours intacte pourtant et si respectée!

Et il ne faut pas espérer que la liberté puisse revivre tant que durera le système actuel, si l'on peut appeler un système l'essai extravagant que nous avons sous les yeux.

On a tué l'ochlocratie, il est vrai, la plus stupide et la plus sanguinaire des anarchies; mais ne sommes-nous pas encore sous le régime de la démocratie pure?

Or, gravez dans votre tête ces maximes :

Démocratie pure et liberté sont incompatibles.

Aristocratie pure et liberté sont incompatibles.

Monarchie pure et liberté sont incompatibles.

Il y a plus : l'aristocratie et la monarchie, l'une ou l'autre, peuvent régir une société dont la liberté est bannie ; la démocratie seule est radicalement incapable de le faire, elle ne possède aucune des qualités voulues pour cela.

Voyez le passé, c'est le miroir de l'avenir. *Nihil sub sole novum*, a dit le sage il y a trois mille ans ; *nec valet quisquam dicere : Ecce hoc recens est, jam enim præcessit in sæculis, quæ fuerunt ante nos.* Cherchez dans le passé l'exemple d'un gouvernement fondé sur la démocratie pure. Les essais n'ont pas manqué, mais toujours accompagnés des plus affreux désordres, et suivis de la plus dure tyrannie.

Vous vous imaginez, je le sais bien, que l'on réussira mieux aujourd'hui, parce que, dans votre inexpérience, vous attribuez à l'insuffisance des hommes les insuccès qui ne provenaient que de la nature des choses, et vous comptez sur une plus grande habileté de la part de vos hommes d'État. Désabusez-vous, et mettez ces illusions de côté. Vos hommes d'État, quelque génie que vous aimiez à leur supposer (ils ne sont à mes yeux que de pauvres niais), ne sont pas de force à changer la nature des choses ; ils ne referont pas l'œuvre de Dieu.

Ce que je veux vous dire pour rendre ma pensée, pour vous expliquer ce que j'entends par la nature des choses dans l'organisation sociale, va vous paraître paradoxal. N'importe : prenez la peine de l'examiner, d'y réfléchir. C'est par l'examen et la réflexion que l'homme se distingue des autres hommes, et devient capable et digne de les diriger : et telle est aujourd'hui votre fonction. Et, comme vous n'aurez jamais rien vu de semblable à ma théorie dans vos livres et dans vos journaux, si d'abord vous vous sentiez disposé à la rejeter, ne vous hâtez pas trop de le faire. En présence des résultats qu'ont produit jusqu'ici leurs doctrines, j'oserais dire que ce devrait être déjà là pour vous, au contraire, une présomption en faveur de la vérité de cette théorie.

Veuillez me prêter votre attention.

Dans la société, telle qu'il a plu à Dieu de la faire, — croyez bien que la société est l'œuvre de Dieu, — ces trois éléments, Démocratie, Aristocratie et Monarchie existent nécessairement, essentiellement, inséparablement.

Mais, pour que le corps social fonctionne d'un manière régulière et normale, il faut absolument que chacun de ces trois éléments ait le plein et entier exercice des facultés qui lui sont propres. Dès que l'un d'eux est dominé ou gêné dans ses fonctions, il y a malaise dans le corps social, son organisme est vicié, il est dans cet état que les médecins appellent pathologique; et la force seule de son tempérament pourra le sauver de la destruction si c'est l'élément démocratique qui vient à dominer les deux autres.

C'est que la société, voyez-vous, est un être collectif qui vit et se meut aux mêmes conditions que chacun des individus qui le composent.

Chez l'individu, dans l'état sain et normal, sont trois éléments principes de son existence, savoir : le cœur, siége des passions; le cerveau, siége de la raison; les membres, instruments de la volonté, c'est-à-dire l'action.

Or, l'individu le plus parfait est celui dont toutes les actions ne sont que l'expression des passions et de la raison combinées : c'est-à-dire dont toutes les actions n'ont pour mobile que les passions guidées, réglées par la raison; dont aucune action, enfin, n'est indépendante ni des passions ni de la raison.

Il n'y a pas à nier une pareille proposition : car si vous

voulez supposer que les passions seules dictent l'action, vous aurez l'égoïsme brutal se heurtant contre tous les égoïsmes et trouvant inévitablement dans les chocs sa propre perte. Si vous supposez que l'action émane de la raison seule, vous trouverez l'idéologisme glacé sans amour comme sans charité, l'austérité rigide, l'inflexible esprit de système, l'homme aura disparu. L'action seule, indépendante de la passion et de la raison, sera l'œuvre du hasard, excellente aujourd'hui, détestable demain : ce sera la démence. Semblable à l'aveugle machine, elle guidera admirablement le convoi tant qu'elle sera sur ses rails, mais elle l'entraînera avec soi dans les fondrières dès qu'elle viendra à en sortir.

Eh bien, dans la société, le cœur, siége des passions, c'est la démocratie; le cerveau, siége de la raison, c'est l'aristocratie; les membres, instruments de la volonté, ou l'action, c'est la monarchie.

En conséquence, le gouvernement de la démocratie pure, passions seules, ce sera le règne de l'égoïsme sans règle ni frein, de l'iniquité, de la violence; ce sera l'anarchie : — Troglodytes; Athènes, ve siècle; France, 1793, etc.

Le gouvernement de l'aristocratie pure, raison seule, ce sera la domination du froid esprit de système, le régime des castes, la société parquée, inflexiblement immobilisée : — Hindoustan; Égypte; France, xie siècle; Venise, xiie siècle, etc.

Le gouvernement de la monarchie pure, action seule, ce sera la société livrée au hasard, et passant alternativement, souvent sous le même chef, de la paix, de la prospérité, de la puissance, de la grandeur, à la guerre, à la misère, à la décadence, à l'abaissement : — Perse,

Empire Romain; Constantinople; France, du xve au xviiie siècle; Empire Français, etc.

Heureusement pour l'humanité, il n'y a guère eu d'exemples dans le monde d'aucun de ces systèmes de gouvernement dans leur pureté absolue. Généralement ils ont été mitigés par l'influence plus ou moins efficace, quoique non réglée et toujours confuse, des deux autres éléments; mais avec aucun la liberté, qui est l'ordre véritable.

D'où il faut conclure naturellement que la société la plus parfaite sera celle où ces trois éléments : *démocratie-passion, aristocratie-raison, monarchie-action,* seront définis, limités, pondérés de telle sorte, qu'ils ne puissent jamais rien l'un sans l'autre, rien l'un contre l'autre.

Que nous sommes loin de ce merveilleux état d'organisation sociale! La démocratie-passion domine les deux autres éléments : donc les plus graves désordres sont absolument inévitables, et à la suite, ou la ruine, ou la tyrannie.

Ce simple énoncé ne suffit pas, je le sais; j'aurai maintenant à m'efforcer de vous expliquer comment j'entends que ces trois éléments existent dans toute société, y sont inhérents, et de quelle manière ils y fonctionnent. Ce sera le sujet de ma prochaine lettre.

En attendant, que votre santé soit bonne et votre manœuvre prudente, c'est le vœu le plus cher de mon cœur.

LETTRE DEUXIÈME.

Paris, 5 août 1848.

Voici, cher ami, l'explication promise : c'est un résumé physiologique de l'organisation sociale.

Élément démocratique.

Dieu, qui a voulu distinguer l'homme de la brute, a donné au premier la prévision de l'avenir, et a mis dans son cœur une aspiration puissante vers l'amélioration de son sort, un irrésistible désir de s'élever parmi ses semblables, et un impérieux besoin de faire de continuels efforts pour y parvenir.

Vous pourriez exterminer l'homme, vous ne sauriez réussir à le dépouiller de ces sentiments. Communistes, socialistes, phalanstériens, terroristes, ne font qu'y obéir, sans autre différence entre eux et le reste des citoyens que le plus ou moins de brutalité.

Ces sentiments sont dans la nature de l'homme, ils sont son essence, sa vie : par conséquent, ils sont légitimes. Ils doivent être reconnus, respectés ; il faut que rien, dans l'organisation sociale, ne fasse obstacle à leur développement régulier, lequel n'a de limite pour tous que le droit particulier de chacun, à raison des facultés qu'il a plu à Dieu de lui accorder. Car, il faut le reconnaître, Dieu n'a pas réparti également ses dons parmi les hommes, et, par conséquent, il n'a pas voulu entre eux de cette égalité que vos chefs proclament de nouveau aujourd'hui, avec laquelle il n'y aurait pas de société possible. Si leurs actes ne donnaient un flagrant démenti à leurs paroles, ces hommes seraient tout simplement des fous. Mais vous voyez bien qu'ils reconnaissent les inégalités naturelles, puisqu'ils ne proclament l'égalité qu'afin de pouvoir s'élever plus haut eux-mêmes, que pour abaisser ceux qu'ils sentent au-dessus d'eux, et non pour faire arriver à leur niveau ceux qu'ils croient au-dessous. Ce n'est, de leur part, qu'une révolte de l'orgueil : révolte impie, antisociale, dont le triomphe n'est que d'un jour.

Non, ces vertueux chefs du peuple qui s'emparèrent avec tant de cynisme des trésors, des palais et des carrosses royaux, laissant sans remords ce pauvre peuple dans ses boues et ses taudis ; ces zélés représentants du peuple à qui ceux-ci ont donné en pâture, comme leur part des dépouilles de la royauté, cette liste civile contre laquelle ils avaient tant crié dans l'intérêt du peuple (Hélas! le peuple n'en profitera plus!), et qui accaparent ainsi, sans travailler, chacun pour leur salaire de chaque jour, le salaire du travail journalier de vingt-cinq hommes du peuple, lorsque ce peuple n'a plus de travail ; ces austères écrivains du peuple qui se font de belles rentes en exploitant sa crédulité, et qui par là vivent dans le luxe et la bonne chère, sans s'abstenir d'un peu de débauche pour mieux montrer leur tendre amour pour le peuple, tandis que ce peuple souffre le dénûment et la faim : non, tous ces trompeurs du peuple ne croient nullement, vous le voyez bien, à cette prétendue égalité dont ils parlent. Ils ne sont point fous; quoique en la bouleversant, ils reconnaissent l'œuvre de Dieu.

Mais, par cela même que Dieu, dans sa sagesse, n'a pas donné à tous d'égales facultés, il a voulu que tous jouissent d'une égale liberté ; parce que sans cette liberté chacun n'aurait pas pu développer, selon les desseins de Dieu, les facultés qu'il a reçues de lui.

La liberté! voilà la seule égalité à laquelle il soit jamais permis à l'homme de prétendre. Mais aussi la liberté est de droit divin pour tous; elle est inviolable. Attenter à la liberté d'un seul, c'est méconnaître la volonté du Créateur.

Aussi ces rêveurs impies que j'ai signalés auront beau faire, ils ne réussiront pas à priver la société de ce présent de Dieu, qui est un bien autrement précieux pour l'homme que les biens matériels dont ils lui présentent l'appât impossible avec tant de mensonge. Et remarquez que ce n'est pas seulement la liberté politique qu'ils veulent lui ravir, cette liberté qui n'a de prix que parce qu'elle est la seule garantie de la liberté personnelle, mais la liberté personnelle elle-même à laquelle ces insensés prétendent que l'homme renonce.

Arrière! féodalité déguisée, plus abrutissante cent fois que celle dont nos pères ne purent supporter le joug! Arrière! vous ne ferez pas de nous des fellahs! Notre société a reconquis, pour l'homme, la liberté et l'indépendance de sa nature, elle ne se laissera pas parquer de nouveau. Elle ne permettra pas qu'un seul de ses enfants puisse être arrêté dans ses légitimes aspirations, dans son légitime essor. Elle veut que le dernier de tous, si ses talents et ses mérites le comportent, puisse devenir le premier entre tous. Et elle le veut parce que la justice de Dieu et son propre intérêt le lui commandent.

Mais là est le dernier terme de perfectibilité de la société humaine. L'expérience démontrera bientôt qu'il ne saurait y avoir de gouvernement ni de système politique qui puisse satisfaire les besoins de ceux qui, jouissant d'une pleine et entière liberté personnelle, n'auraient pas su obtenir cette satisfaction par eux-mêmes. Pour ceux-là, il n'y a de refuge que dans la charité chrétienne, la seule fraternité qui ne soit pas un mensonge. Et les imprudents qui croient, dans l'intérêt de ces déshérités de Dieu, devoir saper la religion du Christ, ne seraient que leurs assassins, si leurs doctrines pouvaient prévaloir.

Mais ce que la société n'a jamais voulu, ce qu'elle ne veut pas, ce qu'elle saura empêcher à l'avenir, du moins je l'espère, c'est qu'aucun de ses membres, de son autorité privée, par des moyens violents, malgré son indignité, puisse bouleverser toutes les positions légitimement acquises, s'en emparer, et mettre tous les autres au-dessous de lui.

Reprenons.

Cette prévision que Dieu a donnée à l'homme et qui lui fait une loi de chercher à se créer des ressources pour l'avenir ; cette aspiration incessante vers l'amélioration de son sort que Dieu a mise dans son cœur ; cette tendance à s'élever, et ces efforts qu'il ne peut s'empêcher de faire pour y parvenir ; ces sentiments, invincibles chez l'homme, forment dans la société ce que j'appelle l'*élément démocratique*. C'est l'un des intérêts légitimes qui font le mouvement et la vie de la société.

J'ai dit que cet élément, cet intérêt doit être toujours reconnu, toujours respecté; qu'aucun obstacle ne doit jamais être opposé à son développement légitime, c'est-à-dire que sa liberté ne doit jamais être entravée. Pour qu'il en soit ainsi, il faut qu'il ne puisse jamais être statué sur rien sans son concours; et pour cela il faut qu'il ait une part dans le gouvernement, qu'il soit un des pouvoirs de l'État : *Pouvoir démocratique.*

Ce pouvoir représente dans le gouvernement, passez-moi l'expression, le droit qu'a chacun des membres de la société de travailler à faire fortune et d'y parvenir. C'est dire qu'il représente les intérêts mobiles, variables, transitoires, éventuels de la société.

Dans une société restreinte, l'exercice de ce pouvoir est dans les mains du peuple tout entier : *Comices.*

Dans un grand État, le peuple entier ne pouvant l'exercer par lui-même, des mandataires sont délégués par lui à cet effet : *Chambre des communes, Chambre des députés*, etc.

Et dans ce cas, comme les intérêts qu'elle a mission de représenter sont sujets à de continuelles variations, cette chambre ne peut avoir qu'une existence temporaire. Il faut que le peuple puisse de temps en temps manifester ses désirs et ses besoins nouveaux en en déléguant une nouvelle.

Voilà pour aujourd'hui ma tâche remplie. Ma prochaine lettre traitera de la nature et des fonctions de l'élément aristocratique.

TROISIÈME LETTRE.

Paris, 11 août 1849.

Élément aristocratique.

Mon jeune ami, je vous ai dit que, par le vice de sa nature, l'élément démocratique était incapable de régir seul la société. Il est essentiellement l'expression de ses passions ; et les passions non contenues égarent et perdent.

Le propre de cet élément est de viser sans cesse à la conquête, et de ne voir jamais que le but vers lequel il tend, sans regarder à droite ni à gauche. L'oreille toujours ouverte aux séductions les plus menteuses et les plus grossières, il est sourd à la voix de la prudence, et n'écoute rien de ce qu'il craindrait pouvoir le détourner de ses fins ou ralentir son essor. L'ardeur qui l'anime laisse rarement à sa raison le choix des moyens ; et comme ses désirs vont toujours augmentant à mesure qu'il avance, cette ardeur s'enflamme et devient une passion qui l'aveugle entièrement. Alors, acceptant les plus pernicieux auxiliaires, même sans qu'il le veuille, même sans qu'il s'en doute, il est poussé aux empiétements ; et à ce moment, sa passion tournant en fureur, rien ne l'arrête plus : il faut qu'il viole toutes les règles, qu'il franchise toutes les limites, qu'il foule aux pieds tous les droits.

Telle est, depuis que la société existe, l'invariable allure de l'élément démocratique. Livré à lui-même, cet élément doit toujours et de toute nécessité porter le trouble et la perturbation dans la société, bouleverser toutes les positions, attenter à tous les intérêts : c'est-à-dire se nuire essentiellement à lui-même. Donc le gouvernement de la société ne saurait lui appartenir à lui seul. Pour sa propre utilité, pour son propre avantage, afin qu'il soit prémuni contre ses propres égarements, il faut qu'il partage ce gouvernement avec un autre élément, avec un autre intérêt.

Car l'intérêt qui vise à la conquête n'est pas le seul élément de la société. Un autre intérêt, un autre élément existe à côté de lui, tout aussi naturel, tout aussi vrai, tout aussi légitime : c'est l'intérêt, l'élément conservateur.

Or, entre deux intérêts divers, il ne saurait appartenir à l'un de stipuler seul sans le concours de l'autre.

Évidemment en donnant à l'homme cette prévision qui le porte irrésistiblement à se créer des ressources pour l'avenir, ce désir d'améliorer son sort et cette tendance à s'élever, qui, comme je l'ai dit, forment l'élément démocratique, Dieu a dû lui donner en même temps l'invincible besoin de conserver les biens et la position qu'il aurait acquis, ainsi que le droit de les défendre : autrement Dieu se serait trompé. Et n'est-ce pas ce besoin de conservation qui a donné naissance à la société? et ce droit sacré de défense n'en est-il pas le fondement? Si ce besoin n'était pas dans l'homme, si ce droit était aboli, la société aurait-elle une raison d'être?

Dès que l'homme serait privé de la faculté de jouir du fruit de son travail, c'est-à-dire de sa propriété (la propriété n'est pas autre chose que le fruit du travail), il resterait oisif, il ne chercherait plus sa nourriture qu'au jour le jour, il demeurerait éternellement dans l'état sauvage. Mais l'état sauvage est antipathique à la nature de l'homme. Dieu l'a créé pour qu'il vive en société ; et il ne lui est possible d'obéir à cette volonté de Dieu qu'aux conditions que Dieu lui a faites, c'est-à-dire en travaillant pour le présent et pour l'avenir, en se créant une propriété. Donc, tout effort dirigé contre la propriété n'est pas seulement une révolte contre la nature humaine, mais une rébellion contre Dieu même. Ils le sentent bien, ceux qui nient Dieu pour parvenir à détruire la propriété. Mais leur rébellion sera impuissante : la vanité des efforts mille fois tentés depuis Caïn devrait bien le faire comprendre, s'ils sont de bonne foi, à ces insensés, à qui il a bien pu être donné de porter dans la société le trouble et la confusion, de faire qu'on puisse dépouiller et même mettre à mort, pour prendre leur place, ceux des associés dont les richesses sont convoitées ; mais qui ne sauraient réussir à refaire la société à leur guise, parce qu'à Dieu seul appartient le pouvoir de changer ce qu'il a créé.

Oui, leur révolte sera impuissante. Il faut que les hommes se soumettent à vivre en société, et qu'ils s'y résignent aux conditions que Dieu leur a prescrites : la liberté de tous, l'inégalité des facultés, et les inévitables résultats de cette inégalité. Hors de ces conditions, il n'y a plus de société, il n'y a plus d'hommes sur la terre. Cette soumission leur est irrévocablement imposée. *Dieu a mis le sable pour barrière à la mer, commandement éternel auquel elle ne se soustraira pas ; ses vagues enfleront, mais elles ne prévaudront pas ; elles se soulèveront, mais pour rentrer dans leur lit.*

Je poursuis.

Or, ce besoin, invincible chez l'homme, de conserver

les biens qu'il a acquis et la position où il s'est élevé et ce droit sacré de les défendre forment dans la société ce que j'appelle l'*élément aristocratique*. Et cet élément, cet intérêt doit être reconnu, respecté à l'égal de l'intérêt démocratique. Il ne doit pas, non plus, être jamais statué sur rien sans son concours.

Avant d'aller plus loin, il convient que je vous prie de remarquer ou de ne pas perdre de vue que l'un et l'autre intérêt, l'intérêt démocratique et l'intérêt aristocratique, se trouvent également vivaces chez tous les individus, dans tous les rangs de la société, dans toutes les positions sociales. De sorte que dans notre société actuelle tout homme est en même temps démocrate et aristocrate : car tout homme veut pouvoir acquérir des biens et s'élever, sans qu'aucun soit légalement privé du droit d'y travailler et d'y parvenir; et tout homme veut également que nul ne puisse lui ravir les biens qu'il aura acquis, la position qu'il se sera faite. Mais telle est la faiblesse de notre nature, que chez chacun de nous l'ambition a plus d'empire que la raison, et que l'ambition, en nous rendant aveugles, fait que dans chacun de nous le démocrate l'emporte toujours sur l'aristocrate. C'est à cause de cet aveuglement auquel nous ne savons pas nous soustraire quand nous sommes livrés à nous-mêmes, qu'il nous faut l'autorité d'un conseil qui nous éclaire et nous montre sans cesse les dangers auxquels notre fougue nous expose continuellement.

Ainsi, qu'ils le sachent ou qu'ils l'ignorent, clairvoyants ou aveugles, tous les citoyens ont un intérêt positif, pressant à ce que l'élément conservateur soit constitué pour la défense commune : le pauvre comme le riche, car le pauvre ne peut acquérir que tout autant que le riche pourra conserver, puisque en acquérant le pauvre devient le riche ; car dès que la propriété est menacée, le riche devient pauvre et le pauvre misérable, et dès qu'elle est attaquée, c'est la guerre des sauvages qui éclate, dans laquelle tous sont exposés à périr.

Tous, ai-je dit, ont intérêt à ce que l'élément conservateur soit fortifié. Je me trompe : un autre élément existe dans la société, qui a un intérêt tout opposé ; et c'est sa funeste existence qui fait à la société une plus impérieuse loi de dresser une barrière infranchissable devant les égarements naturels de l'élément démocratique.

Je l'avais signalé en parlant des pernicieux auxiliaires dont l'adjonction dans les rangs de ce dernier était à certains moments inévitable. J'avais en vue cette même race de sauvages maraudeurs contre les déprédations desquels les premiers travailleurs durent se liguer, contre lesquels la société primitive dut se constituer. Alors ils furent expulsés de son sein, et longtemps tenus par elle à distance. Mais, ils s'y trouvèrent forcément englobés, lorsque, suivant ses progrès naturels, la société eut envahi le désert : car, si les maraudeurs perpétuent le désert, la societé le peuple.

Ce sont ces enfants de Caïn, qui, sans travailler, sans rien produire, sans rendre aucun service (les uns sont fainéants, les autres incapables, tous ont la raison viciée), veulent à tout prix, à toute force, jouir de tous les avantages que la société ne peut accorder qu'au travail, à l'intelligence, aux services rendus. C'est l'élément vicieux, illégitime de la societé agrandie ; c'est l'élément révolutionnaire, qui fait à la société une guerre inique et sans terme. C'est lui qui, sous divers masques, sous divers déguisements, hypocrite et sournois quand il ne peut user d'audace et de violence selon l'instinct de sa nature, semant l'erreur, le mensonge, la calomnie ; soufflant la discorde, l'envie, les défiances, les haines, enfin attisant le feu de toutes les passions, parvient à égarer, à pervertir l'élément démocratique, et le pousse à tourner contre la société, contre lui-même ses propres forces.

Oh ! que ce serait une erreur grossière, impardonnable après l'expérience de février, de croire que le pouvoir monarchique, en quelques mains qu'il fût placé, pourrait aujourd'hui contenir cet élément pervers ! Lorsque l'homme exceptionnel, le roi le plus complet, le plus parfait qui ait jamais occupé un trône y a échoué, quel serait le téméraire qui oserait avoir la prétention d'y réussir ? Serait-il le despotisme, le pouvoir monarchique ne saurait plus y suffire désormais.

Non, non : cet implacable ennemi de toute société ne peut être rendu impuissant, la société ne peut vivre exempte de troubles et de périls, elle ne peut fonctionner d'une manière régulière et normale, que tout autant que le second élément légitime de la société, l'intérêt conservateur, sera reconnu par elle, respecté, fortifié. Et pour qu'il en soit ainsi, il faut qu'elle lui donne une part du gouvernement, qu'il soit aussi un des pouvoirs de l'Etat : *Pouvoir aristocratique.*

Ce pouvoir représente dans le gouvernement les intérêts permanents, éternels de la société ; ceux qui ne sont jamais sujets ni à variations ni à changements, ceux auxquels on ne peut jamais toucher sans porter le trouble dans son sein. Ces intérêts sont : la propriété, condition matérielle de l'existence de la société, et la religion, la justice, le droit et la liberté, qui en sont les conditions morales. Oui, la liberté aussi : c'est l'élément aristocratique qui en est le représentant fidèle. L'élément démocratique est incapable de la représenter, parce qu'il est incapable de la sentir ni de la comprendre : il n'a d'affinité effective qu'avec la licence et le despotisme.

Entre ces divers intérêts il y a communauté, solidarité absolues ; l'on ne peut attenter à l'un sans porter atteinte à tous les autres.

La société, sachez-le bien, ne vit pas seulement par la matière ; comme l'individu, elle aussi a un âme : elle a aussi, par conséquent, des besoins moraux auxquels il doit être donné satisfaction ; qui doivent être reconnus, respectés, tout au moins à l'égal de ses intérêts matériels.

Et c'est parce que l'élément aristocratique peut seul, par sa nature, représenter ces intérêts, que je l'appelle le cerveau de la société, le siége de sa raison.

Dans l'élément aristocratique constitué se trouve, en effet, le calme que laisse à l'âme une ambition personnelle à peu près satisfaite. Là, les grandes idées morales qui font la vie intellectuelle des peuples et qui les élèvent ne sont point offusquées par les passions que suscitent les difficultés de la conquête. Là sont les grandes lumières qu'une position exempte des soucis et des tracas d'une fortune à faire a permis d'acquérir, et avec ces lumières, l'expérience la plus sûre, celle qui s'appuie sur les traditions. Le besoin d'ordre, de paix, de sécurité, dont la satisfaction assure le bonheur des nations au dedans et leur puissance au dehors, y est plus particulièrement et plus vivement senti. L'amour de la liberté n'y est pas l'impatience des règles, mais ce sentiment d'indépendance et de dignité personnelle, qui, toujours plein de respect pour l'indépendance et la dignité d'autrui, ne se sépare jamais d'une inviolable soumission à la loi. Dans son sein le patriotisme n'est pas le masque dont se couvrent l'égoïsme cupide et l'incapacité présomptueuse, mais le désir ardent et sincère de la prospérité, de la puissance et de la grandeur du pays, uni à l'intelligence des moyens les plus propres à lui assurer ces nobles avantages. Là, et là seulement, se trouvent cette haute autorité morale, ces influences efficaces et salutaires, cette direction puissante, éclairée, continue, qui, seules, peuvent dispenser de l'emploi de la force et de la compression dans le gouvernement des peuples. Car, je le répète, la démocratie a bien le sentiment de l'ordre, si elle n'en a pas l'intelligence ; elle n'aime pas les désordres, elle ne veut pas les révolutions ; et ce n'est que lorsque cette direction tutélaire lui manque, qu'à son insu, par inexpérience, par imprudence, par témérité, elle s'y laisse entraîner. Enfin, dans le seul élément aristocratique constitué peuvent se trouver cette unité et cette hauteur de vues, cette prévoyance pleine de discrétion et cette infatigable persévérance qui font suivre à travers les siècles, pour la prospérité et l'agrandissement d'un peuple, l'ensemble d'un vaste plan dont l'exécution seule vient successivement dévoiler au monde les diverses parties.

Oui, l'élément aristocratique est le cerveau, le siége de la raison du corps social. Et il le faut bien, puisque c'est en lui que reposent ses intérêts les plus précieux, les plus chers et les plus sacrés !

Et comme, pour qu'il puisse résister à tout égarement funeste, il faut une raison plus puissante à un homme dont l'organisation passionnelle est plus développée ; de même, il faut que dans un grand État le pouvoir aristocratique soit plus vigoureusement, plus puissamment constitué.

Il ne saurait être le produit de l'élection, qui implique le fait démocratique, c'est-à-dire la passion, la mobilité et l'inconsistance, tandis qu'il doit être plein de calme, ferme et immuable. Il ne saurait être la délégation d'un autre pouvoir, car il faut qu'il soit essentiellement indépendant, et toujours entouré de respect et d'une considération incontestée.

Il est par lui-même et parce qu'il est. Il existe de l'existence même de la société depuis sa création, et par les intérêts moraux sur lesquels elle se fonde. Il se perpétue par l'hérédité, comme la propriété, dont il est l'incarnation : *Sénat, Chambre des pairs*, *etc.*

Je me hâte de dire que l'hérédité ne ferme pas la porte du sénat à la démocratie : ce serait une violation de ses droits. L'entrée en est toujours ouverte, au contraire, aux grands talents, aux hommes qui, dans toutes les carrières, rendent au pays des services importants. Et cette récompense, la plus haute qui puisse être accordée, est le plus sûr des moyens par lesquels est maintenue l'union entre les deux éléments, par lesquels la bonne intelligence entre les deux pouvoirs est perpétuée. Noble résultat qu'il n'est permis d'obtenir avec aucun autre système de gouvernement !

Je termine ici cette lettre, réservant pour une autre mon petit traité de la monarchie.

LETTRE QUATRIÈME.

Paris, 20 août 1848.

Élément monarchique.

La nature de l'élément démocratique est d'être toujours mécontent de ce qui est, d'adorer la nouveauté, d'être avide du changement. Avec ces dispositions, il n'y a pas de promesse impossible à laquelle sa crédulité ne le porte à ajouter foi, pas de système absurde auquel son ignorance ne lui fasse donner crédit. La même espèce de charlatans qui l'a abusé depuis la création du monde, l'abusera, par les mêmes jongleries, jusqu'à la consommation des siècles, sans qu'aucune déception, quelque cruelle qu'elle puisse être, fasse jamais éprouver à son irrémédiable jobarderie la plus légère altération. Éternellement enfant, il est toujours amoureux des petits hommes; il ne se complaît que dans les petites choses. Facile aux préventions, il s'engoue tout d'abord de la première médiocrité venue qui le flatte; léger et volage, il abandonne avec la même facilité aux clameurs de l'envie les talents réels qu'il avait lui-mêmes élevés. L'envie est son mauvais génie; il en est incessamment obsédé. C'est elle qui verse dans son cœur une haine aveugle, incurable contre tout mérite éminent, et cette noire ingratitude qui lui fait sacrifier sans remords les plus vertueux citoyens, ceux qui ont rendu au pays les plus éclatants services.

Ne connaissant pas les vains scrupules, une mauvaise

conduite, une improbité notoire ne sont pas à ses yeux des vices qui doivent détourner sa confiance, ni rendre un citoyen indigne de le représenter : ces vices en font souvent, au contraire, l'objet de ses préférences.

Exclusivement occupé du présent, le passé est pour lui comme non avenu, l'avenir comme s'il ne devait pas exister; et, dans son extrême imprévoyance, il sacrifie sans hésiter au goût, au caprice du jour les plus précieux intérêts du lendemain. C'est ainsi que son impatiente convoitise le pousse à tuer la poule aux œufs d'or, à couper à la racine l'arbre dont il veut atteindre le fruit. D'une parcimonie, d'une avarice sordide, quand il s'agit de dépenses utiles et de récompenser ses serviteurs les plus dignes, comme les rois absolus, il tolère tout bénévolement les gaspillages, les malversations, les dilapidations, les concussions les plus scandaleuses de la part de ses favoris.

Doué d'une présomption que son inintelligence seule peut égaler, il affecte, en toute occasion, un dédain plein de suffisance pour les leçons de l'expérience, pour les conseils des hommes les plus éclairés. Plein d'étourderie et d'inconstance, il est également prompt à adopter sans réflexion les projets les plus extravagants, et à renoncer aux plus sages sans aucun motif raisonnable.

Sujet à toutes les tentations, il a peu de respect pour la justice; s'inquiétant médiocrement des droits acquis, il est sans cesse à les menacer tous; enclin aux empiétements, il est toujours disposé à franchir les bornes légitimes. Et dans les crises qu'amènent nécessairement ces vicieuses tendances de sa nature, une autre de ses incurables infirmités vient paralyser et corrompre tout ce qu'il pourrait y avoir en lui de bonnes intentions : c'est la peur, la peur qui, chez les uns, énerve la meilleure volonté, et qui fait paraître chez les autres, à l'encontre des lois et de toute autorité, une espèce d'audace entêtée dont le ressort secret est le plus inepte égoïsme. De là cette coupable insouciance, cette ignoble désertion de tout devoir civique qui le caractérisent spécialement ; de là aussi les faciles victoires des factions anti-sociales, et l'inévitable triomphe de la tyrannie, dont ces audacieux se font les lâches adhérents ou les instruments serviles.

Ses rapports avec les peuples voisins sont toujours précaires, parce qu'une fausse dignité, un faux point d'honneur, une susceptibilité sans discernement, le rendent arrogant, fanfaron, tracassier, incommode. Mais en même temps une habileté et un courage équivoques le font peu redoutable ; sans compter que son indiscrétion vantarde et sa fragile intégrité donnent toujours aux étrangers le moyen de connaître ses desseins et d'influer sur ses résolutions. Triste sujet de confusion et de désespoir pour les bons citoyens, que d'être toujours dans le doute si, dans ses conseils et ses entreprises, c'est le patriotisme ou la trahison qui agit ou a la parole ! Impétueux, téméraire, incapable d'apprécier ses moyens d'action, et dénué de fermeté et de constance, il est toujours prêt à se jeter tête baissée dans les entreprises les plus hasardeuses, prompt à se croire trahi et à céder au découragement au premier échec qu'il essuie.

Tout cela est le propre des passions.

La nature de l'élément aristocratique est de trouver toujours bien ce qui est ; toute nouveauté lui répugne, il a horreur du changement. Le meilleur des systèmes éveille en lui une vigilance inquiète, et les promesses les mieux fondées ne lui inspirent que des défiances. Il professe une espèce de culte pour le passé, dont les enseignements sont pour lui d'une autorité décisive. Il a sans cesse les yeux tournés vers l'avenir, dont les intérêts lui paraissent encore plus sacrés que ceux du présent.

Appréciateur éclairé et compétent du mérite, il n'accueille pourtant qu'avec une réserve excessive les talents réels qu'élève une popularité pour lui toujours suspecte, et il affecte de les soutenir contre cette popularité changeante lorsqu'ils en sont abandonnés. A ses yeux, un seul acte de probité équivoque imprime une tache qu'une vie entière d'austérité et de dévouement au pays parvient à peine à effacer. Homme mûr, les grands hommes et les grandes choses ont toujours auprès de lui un accès assuré, et rien ne lui coûte pour gagner au service du pays et pour s'approprier tout talent supérieur dès qu'il a fait ses preuves.

Il est trop patient et doué de trop de prévoyance pour ne pas dédaigner un profit actuel qui ne se pourrait recueillir sans préjudice pour l'avenir. Surveillant assidu de tout ce qui touche à la fortune publique, s'il est disposé à ne reculer devant aucune dépense quand il est assuré qu'elle sera suivie d'une utilité proportionnée à son importance, il se montre toujours inexorable contre tout emploi des deniers publics non justifié par les impérieux besoins des services ; il est sans pitié contre les dilapidations et les prévarications, quels que soient les coupables.

Plein de prudence et persévérant au même degré, si les projets les plus séduisants le trouvent toujours froid et circonspect, jamais il ne renonce volontairement à ceux dont une fois il a reconnu l'utilité.

Son respect pour les lois, pour les règles, pour les formes, va jusqu'à la rigidité ; son amour pour le devoir jusqu'à l'héroïsme. Gardien sévère de tous les droits, tout ce qui du plus loin lui semble les menacer excite en lui des soupçons, le rend ombrageux à l'excès : de sorte qu'il est toujours disposé à exagérer les précautions, à multiplier les obstacles, à resserrer les barrières devant les entreprises qu'il redoute continuellement.

Inaccessible aux mesquines passions, plein de grandeur, au contraire, et de cette modération qu'inspire le sentiment éclairé de sa puissance, il ne saurait consentir à ce que le pays se départe jamais vis-à-vis des nations voisines du respect auquel il prétend de leur part pour lui-même, et il sait l'obtenir. Une sagesse et une expérience traditionnelles le tiennent constamment en garde contre toute impétuosité ; mais aussi elles le rendent quelquefois timide. Il craint outre mesure tout ce qui lui paraît aventuré ; il ne veut jamais rien précipiter, rien donner au hasard. Il faut pour lui, avant toute grande entreprise, que les moyens soient bien étudiés, les ressources examinées, toutes les chances soigneusement calculées. Mais par quels revers son courage et sa constance se laisseraient-ils abattre !

Une dignité pleine d'orgueil le met hors de l'atteinte des séductions extérieures, et le monde n'a pas de trésor qui puisse tenter la discrétion ou l'intégrité d'un seul de ses membres au profit des ennemis de la patrie.

Tout cela est le propre de la raison.

De cette opposition de natures résulte un état incessant d'antagonisme entre ces deux éléments sociaux.

Cet antagonisme est nécessaire. C'est lui qui fait le mouvement et la vie de la société, comme la lutte entre ses passions et sa raison fait le mouvement et la vie de l'individu.

Et comme celui-ci est malheureux et court à sa perte dès que ses passions dominent sa raison (le bandit); comme il cesse, pour ainsi dire, de faire partie de l'humanité, dès que sa raison a tout à fait dompté ses passions (le cénobite); de même la société éprouve les plus grandes souffrances et est en voie de perdition, ou bien elle tombe dans la torpeur, le prostration et l'immobilité, selon que l'un ou l'autre de ces deux éléments vient à dominer seul.

Un moyen infaillible d'éviter ce double malheur, c'est que leur mouvement respectif soit défini, limité, réglé.

Or, pour que l'antagonisme entre l'élément qui vise à la conquête et l'élément qui veut le maintien des droits acquis, ne puisse jamais dégénérer en hostilité réciproquement pernicieuse; pour qu'au contraire cet antagonisme soit salutaire; pour que l'un et l'autre élément soient invinciblement renfermés dans leurs limites respectives; pour que, chacun dans sa sphère, ils concourent à un but commun, le bien général de la société, l'un en consacrant les tendances légitimes de l'humanité, l'autre en sauvegardant les résultats légitimes de ces tendances, il faut seulement que l'un et l'autre abdiquent d'une manière absolue tout acte de volonté personnelle l'un sur l'autre, et que toute action soit exclusivement attribuée à un troisième élément, qui, procédant des désirs du premier et des besoins du second, les modère et les contienne l'un pour l'autre : *Élément monarchique, pouvoir exécutif.*

Admirable *trilogie*, qui est peut-être sur la terre l'image humaine de la trinité céleste qui régit les mondes!

Ce troisième pouvoir représente dans le gouvernement la volonté de la société, qui n'est jamais en opposition avec les intérêts légitimes que représentent les deux autres pouvoirs, qui en est toujours, au contraire, la consécration.

Aussi ce troisième pouvoir est-il généralement dépendant des deux autres quand ils sont d'accord, puisqu'il n'est, pour ainsi dire, que l'émanation de cet accord. Mais il jouit d'une indépendance absolue vis-à-vis de chacun en particulier ; il refuse l'action à l'un, à l'autre, s'ils la demandent séparément.

Et comme ce pouvoir, outre qu'il est le bras, l'instrument de la volonté de la société, est aussi l'organe de ses sens, son œil, son oreille, etc., dans certaines circonstances il peut refuser l'action aux deux autres réunis : c'est lorsque cette action dépasserait la limite de ses forces et pourrait nuire au corps social. Il est seul juge de ces circonstances, parce que seul il est à même de les apprécier.

Mais si, dans ces rares circonstances, le pouvoir monarchique a la faculté de refuser l'action aux deux autres pouvoirs, dans aucune il ne peut l'accorder à un seul des deux : ce serait une violation des droits de l'autre. Encore moins peut-il agir malgré leur volonté commune, ce serait un acte de démence, le renversement de l'ordre, une révolte de la part du pouvoir dont la mission est de prévenir et de réprimer les révoltes, un attentat tyrannique qu'il serait du devoir des deux autres de réprimer, que chacun d'eux aurait le droit de punir. S'abstenir est tout ce qu'il peut faire lorsqu'il n'y a pas accord entre lui et les deux autres pouvoirs.

Et ce n'est que lorsque l'acte du pouvoir exécutif est le résultat de l'accord entre le pouvoir démocratique et le pouvoir aristocratique, que cet acte est une manifestation de la souveraineté nationale.

Cette souveraineté ne saurait avoir aucune autre manière vraie, régulière, légitime de se manifester.

Car, si, réunis, ces trois pouvoirs représentent la société tout entière, aucun d'eux en particulier ne peut s'en prétendre le représentant, parce que chacun ne représente qu'un seul de ses trois intérêts. Le pouvoir exécutif pourrait encore moins que les deux autres avoir une telle prétention : les membres sont moins le corps que ne le sont le cœur ou le cerveau.

Donc l'opinion qui veut que la souveraineté réside dans un monarque, est une simple absurdité.

Le titre de souverain a pu être donné à un monarque seulement dans ce sens qu'il est l'organe et l'expression active de la souveraineté nationale ; et, dans ce sens, ce titre peut tout aussi bien être donné à un chef de république.

Mais, dans la réalité, non seulement la souveraineté ne réside pas dans un chef, mais encore la direction de la société ne saurait être confiée à un chef quelconque, et cela pour cause d'incapacité de la part de tout chef, pour cause d'impossibilité : car un chef, quel qu'il soit, ne peut tout savoir, il lui faut des conseils, et ces conseils peuvent le tromper, l'égarer : car, si ce chef est aujourd'hui un homme de bien, un sage, un homme de génie, demain il sera un scélérat, un fou, un idiot. Or, le sort d'une société peut-il être si précaire ? peut-il être à la merci d'une telle éventualité ?

Non, non. Toute société a un droit absolu, imprescriptible à un bien-être perpétuel et jamais interrompu : donc, il faut à toute société une direction continue et perpétuellement sage. Et cette direction, je l'ai déjà dit, ne peut se trouver que dans une assemblée. Elle ne peut résider que dans une assemblée immortelle, toujours à l'abri de toute éventualité funeste, qui ne puisse jamais varier, jamais s'égarer, où la sagesse se perpétue par l'essence même de son organisation, de sa constitution.

Il résulte de ce qui précède que l'élément monarchique, tout essentiel qu'il est au fonctionnement du corps social, est pourtant d'une essentialité secondaire. Si un homme ne peut fonctionner sans cœur ou sans cerveau, il fonctionne pourtant avec un œil, une oreille ou un bras de moins. D'où il suit que le mode de constitution de ce pouvoir peut être divers sans qu'il en résulte pour l'organisme social une altération vitale.

Je l'ai désigné sous le nom de *pouvoir monarchique,* parce que l'expérience des siècles, cruellement confirmée par une expérience toute récente, a démontré jusqu'à la dernière évidence que ce pouvoir ne saurait être placé sans dommage que dans les mains d'un seul.

Il peut être le produit de l'élection, soit par le suffrage universel, soit par celui des deux chambres, ce qui n'est qu'une seule et même chose.

Il peut être conféré temporairement ou à vie.

Il peut être établi à perpétuité dans une famille.

Comme je ne veux pas que vous puissiez penser que je doute de mes principes, ou que je les renie, j'ajouterai ici, avant de finir, que l'examen auquel je viens de me livrer à cause de vous les a, au contraire, affermis dans mon esprit. Je vous ai déjà dit qu'à mes yeux le but était tout et que la forme n'était qu'un moyen, je n'hésiterai donc pas à déclarer ici nettement que, dans l'état d'organisation qui résulte des principes et des faits exposés, le dernier mode me paraît le plus utile à l'ensemble des intérêts généraux de la société. Avec cette forme de gouvernement, tous les inconvénients de l'hérédité du pouvoir exécutif ont complétement disparu, ne laissant subsister que les avantages immenses que cette hérédité apporte avec elle.

Dès lors je dois lui donner la préférence. Pour adopter les autres modes, il faut se contenter de moins de sécurité pour l'avenir, et, par conséquent, d'un moindre bien-être dans le présent; et moi je veux tout de suite ce qu'il y a de mieux.

Avec la meilleure volonté du monde, je ne saurais voir aucun avantage à ce que le corps social soit fait borgne, sourd, boiteux ou manchot; j'en vois, au contraire, de très-grands à ce qu'il ait ses deux yeux, ses deux oreilles, ses bras, ses jambes, etc., enfin à ce qu'il soit toujours complet et parfait, et non pas sujet à des raccommodages périodiques, souvent dangereux.

Pourtant, comme je l'ai dit, je reconnais qu'il peut subsister avec ces infirmités.

Résumé.

§ I.

Je vous ai dit que la démocratie pure est incompatible avec la liberté, et que la démocratie est un gouvernement impossible. En effet, le mot et la chose impliquent l'absurde.

L'on conçoit la *monarchie*, c'est-à-dire le pouvoir d'un seul.

C'est le gouvernement naturel de la société primitive, celui du père de famille, du chef de la tribu. Pour une société peu nombreuse, c'est certainement la meilleure forme de gouvernement, comme la plus simple et la plus expéditive. Chacun des membres de la société étant en rapport direct, en contact avec le chef, qui est le père commun de tous, les abus qui sont inévitables lorsque la société est devenue très-nombreuse et occupe un grand territoire, ne sont ici nullement à craindre.

L'on conçoit fort bien l'*aristocratie*, c'est-à-dire le pouvoir entre les mains des *meilleurs* citoyens. Pour une société nombreuse, étendue sur un vaste territoire, cette forme de gouvernement est évidemment préférable à la monarchie pure; il présente plus de stabilité.

Mais la *démocratie*, c'est-à-dire le pouvoir de *tous*, il n'est pas possible à l'esprit de la concevoir. Si le pouvoir est dans les mains de tout le monde, il n'est dans les mains de personne. Démocratie et anarchie ne sont donc qu'une seule et même chose, ce sont deux mots synonymes. Et c'est parce que cette forme de gouvernement est impossible, que toutes les fois qu'on a voulu la mettre en pratique, la société est tombée dans la *cheiristocratie*, c'est-à-dire sous le pouvoir des *plus mauvais* citoyens.

Vous l'avez vu, l'élément démocratique est incapable de se gouverner, et il est ingouvernable. La raison lui manque : il ne saurait avoir d'idées arrêtées sur rien, ni de volonté constante pour quoi que ce soit. Dépourvu de sens moral, il ne peut avoir aucun principe fixe, et si parfois il en met un en avant, s'il a l'air de se passionner pour quelque vérité, ce n'est que pour s'en faire une arme de guerre, qu'il rejette effrontément dès que l'œuvre est faite. Ajoutez à ces imperfections de son intelligence que son cœur est incessamment excité par d'impétueux désirs dont la réalisation est d'une impossibilité absolue, et il sera évident pour vous que son règne ne pourra être qu'un tissu de contradictions, de caprices, d'extravagances, d'absurdes prétentions, de témérités et d'attentats, à dérouter, à rendre fou tout homme de sens et de cœur qui aurait entrepris de le diriger. (Vous l'éprouverez bientôt par vous-même.) Dès lors sa direction, forcément abandonnée par les gens de bien et les hommes capables, souvent victimes, ne fera que passer par les mains des niais ambitieux, pour tomber dans celles des fous, des fripons, des fanatiques, des scélérats. Cette direction tombera nécessairement dans les mains des hommes aux plans désorganisateurs, aux passions spoliatrices, aux féroces rivalités, aux proscriptions sanglantes. Et cette chute, voyez-vous, est aussi inévitable, selon les lois de l'ordre moral, que le serait, selon les lois de l'ordre physique, celle d'un corps sphérique posé sur un plan incliné. Confusion, désordre, pillage, assassinat, guerre des rues : tel est le terme obligé du gouvernement de la démocratie.

Peut-il y avoir un instant de liberté, là où il n'y a pas un instant de sécurité ?

§ II.

J'ai dit que l'aristocratie est incompatible avec la liberté. En effet, s'il domine seul, l'élément aristocratique, esclave des traditions, ne pourra reconnaître d'autres guides qu'elles : il voudra que le présent et l'avenir soient uniformément calqués sur le passé. Entiché de principes et de maximes d'État qui sont pour lui des dogmes sacrés, il imprimera à son gouvernement une direction invariable dans le sens de ses idées absolues. Jaloux à l'excès de son autorité et dominé par l'esprit de système, il ne se bornera pas à imposer aux choses des règles inflexibles et immuables, il voudra étendre jusqu'aux personnes ses précautions préventives. Il rangera symétriquement la nation par classes, leur traçant une ligne que nul ne pourra jamais franchir; il comprimera l'essor des esprits, il fera obstacle aux progrès des lumières, il arrêtera la marche de la civilisation. Il procurera, il est vrai, au pays richesses, puissance, grandeur, car il possède au plus haut degré toutes les qualités qu'il faut pour y réussir; mais ce ne sera qu'à son profit exclusif, et pour satisfaire son propre orgueil. Sous sa domination le peuple demeurera condamné à perpétuité à la gêne, à la sujétion, à l'abattement.

Si sous ce régime il y a sécurité pour tous, la liberté n'y sera que le monopole de quelques-uns.

§ III.

Enfin, j'ai dit que la monarchie pure est incompatible avec la liberté, et, de plus, qu'avec elle la société est livrée au hasard.

En effet, sous ce gouvernement, le sort de la société dépend entièrement de la volonté d'un seul homme; il y est à la merci de ses talents ou de son incapacité, de ses vertus ou de ses vices, de son état de santé ou de maladie; il y est aussi précaire que l'existence de cet homme.

Sans nul doute, si le monarque est un esprit supérieur, doué d'un grand caractère, d'une volonté ferme, capable de s'élever au-dessus des intrigues, des embûches, des mauvaises passions, des obsessions dont le trône est incessamment assiégé, la société pourra trouver sous sa domination les avantages du gouvernement aristocratique, l'ordre, le repos, la sécurité, une certaine prospérité, de la puissance et de la grandeur. Mais, outre que la volonté de l'homme est ambulatoire, ses facultés passagères et sa vertu fragile, la mort frappe aussi sur les trônes, où les grandes qualités ne montent que très-rarement : de sorte que ces avantages ne pourront être pour la société que transitoires et éphémères. Ce régime sera donc moins sûr pour la société que celui de l'aristocratie, sous lequel du moins les vices ont cette compensation que les avantages y sont permanents comme leur cause.

Hélas! l'histoire est là pour en témoigner, la monarchie pure, à quelques moments d'exception près, offrira les mêmes abus, les mêmes vices, les mêmes désordres que la démocratie, sauf qu'ils y seront concentrés, en quelque sorte plus méthodiques; moins violents, mais plus durables. Au lieu que, sous la démocratie, la tyrannie était dans les mains de la multitude, sous la monarchie elle sera dans les mains du despote et de quelques complices. Sous la première la populace disait : « C'est moi qui suis le souverain; » sous la seconde le monarque dit : « L'État, c'est moi. » Là, personnes et choses étaient à la merci de la foule; ici, tout est à la merci du maître et de ses familiers; ils disposent de tout au gré de leurs caprices et de leurs passions. Tout y est également précaire, repos, sécurité, propriété, religion, justice, droit. Assurément, c'est la fortune, l'honneur et la gloire de toute société d'avoir à sa tête ses citoyens les plus probes, les plus honorables, les plus éclairés, les plus habiles : or ici, comme sous la démocratie, il n'y a pas de voie régulière et honnête par où ces citoyens puissent se produire dignement : l'un et l'autre système les mettent également à l'écart ; l'un et l'autre sont également le règne de l'intrigue, de la médiocrité, de l'improbité. Seulement, au lieu d'accourir dans les clubs et dans les carrefours, les imposteurs s'en vont, affublés de leurs masques et de leurs déguisements, dans les antichambres et les boudoirs, ici humbles, rampants et lâches, comme ils étaient audacieux, arrogants et vils là-bas. Sous ces deux régimes ce sont les mêmes allures aveugles et brutales, la même inintelligence des affaires, le même défaut de suite dans leur direction, la même horreur pour l'indépendance de l'homme, la même haine pour les positions élevées, pour les grands caractères, les grandes vertus et les mérites éminents. On n'y saura pas davantage encourager les arts, fomenter l'agriculture, le commerce et l'industrie, diminuer les dépenses, supprimer la foule ruineuse des emplois inutiles. Au lieu d'adoucir par là la misère du peuple, on y écrasera également la nation d'impôts pour fournir aux dissipations du pouvoir, de ses séides et de quelques femmes perdues. Les gaspillages, les malversations et les concussions, qui là se perpétraient au nom du peuple souverain, se commettront ici au nom du souverain autocrate.

Comme sous la démocratie, l'intérêt du pays ne sera jamais consulté, quelque résolution qu'il s'agisse de prendre : ce sera pour satisfaire une ambition ou un orgueil personnel que, dans un moment de vertige, une guerre fatale sera déclarée ; ce sera dans un but personnel, et souvent dans un intérêt infâme, que, dans un moment de défaillance, une alliance onéreuse ou une paix déshonorante sera conclue. Aussi bien que sous la démocratie, l'or ou les séductions procureront à l'étranger des voix dans les conseils, des affidés parmi les agents du pouvoir. Le favoritisme et la camaraderie ou la trahison y feront aussi confier les destinées du pays à un ministre inepte, le sort des armées à un officier vulgaire et sans expérience, à l'exclusion des hommes d'État les plus consommés, des généraux les plus habiles et les plus expérimentés.

Comment la liberté pourrait-elle subsister sous un régime où il n'y a de sûreté pour personne, pas même pour le chef de l'État, dont la vie est sans cesse menacée, souvent par ceux-là même dont il avait fait ses complices ?

Si vous reconnaissez l'exactitude des effets que j'assigne à chacun des trois systèmes (et je ne pense pas qu'elle soit contestable), vous devrez convenir qu'ils sont tous trois mauvais.

Il est à remarquer ici que le moins mauvais des trois, celui qui, du moins, assure à la nation repos, bien-être et stabilité, le système aristocratique, est celui, chose étrange! contre lequel le peuple a le plus d'aversion. Il préfère la dictature! C'est à cause de cette préférence que je vous disais qu'il y a une grande affinité entre l'élément démocratique et le despotisme. C'est que l'un et l'autre sont également ennemis de la liberté, qui est incompatible avec l'égalité dont cet élément est idolâtre depuis qu'on lui a appris à méconnaître Dieu, l'auteur de toute inégalité. Mais ne pensez pas que ce soit seulement parce que sous le despotisme il y a égalité dans la servitude que l'élément démocratique lui donne la préférence; non, c'est surtout parce que sous le despotisme, comme sous la démocratie, ce sont les médiocrités qui s'élèvent et les improbités qui prospèrent.

Voilà le mal qu'il faut surtout éviter, comme l'unique source de la ruine publique.

Or, pour éviter ce mal, il faut que l'œuvre de Dieu soit reconnue; il faut y conformer l'action de la société.

Et pour que nul dans son sein ne puisse s'élever et prospérer que par des voies régulières et légitimes et par des moyens honorables, c'est-à-dire pour que la société puisse suivre une marche régulière et paisible dans la voie de la civilisation et du progrès, il faut que les droits de chacun des trois éléments constitutifs de la société soient reconnus et que leurs tendances mauvaises soient comprimées.

Pour obtenir un si magnifique résultat, il suffit d'assurer à chacun de ces éléments le plein et entier exercice de ses fonctions, c'est-à-dire de donner à chacun une part d'intervention dans le gouvernement; il suffit de faire de chacun d'eux un des pouvoirs de l'État.

Conclusion.

Ainsi, l'*élément démocratique*, représenté par une assemblée élue temporaire; l'*élément aristocratique*, représenté par une assemblée perpétuelle héréditaire; l'*élément monarchique*, représenté par un chef élu, temporaire ou héréditaire : ces trois pouvoirs discutant et réglant en commun tous les intérêts divers de la société, et l'exécution de tout ce qui a été accordé entre eux exclusivement reservée au troisième, voilà en peu de mots ma théorie.

C'est là ce que j'appelle une organisation politique conforme à la nature des choses sociales.

Ce n'est pas un système nouveau ! allez-vous dire. A

Dieu ne plaise que j'aie voulu inventer ! Je laisse cet insigne honneur à vos *grands hommes*. Pour moi j'aime mieux mettre à profit l'expérience des siècles.

Ce n'est donc qu'une analyse à ma manière d'une forme de gouvernement déjà pratiquée, de ce gouvernement qu'avait voulu fonder notre belle Charte de 1814, dont, par malheur, les bases furent alors mal établies.

J'ai voulu mettre cette analyse sous vos yeux pour essayer de vous désabuser d'idées que vous croyez nouvelles et qui sont aussi vieilles que le monde, qui sont essentiellement fausses. J'ai voulu tâcher de vous persuader qu'il n'y a, qu'il ne saurait y avoir pour les sociétés, par ordre de Dieu, qu'une seule et unique forme de gouvernement, en dehors de laquelle tout n'est que mensonge ou confusion ; en dehors de laquelle la vraie liberté, celle dont Dieu a voulu que l'homme eût la possession, ne peut subsister.

Prenez la peine de réfléchir à cela avec toute l'impartialité dont vous serez capable, pendant que je prépare quelques développements pratiques, que je vous adresserai sous peu.

LETTRE CINQUIÈME.

Cher ami,

Avant d'entrer dans les développements promis, j'ai cru devoir vous faire connaître ce qui m'a conduit aux observations que je vous ai communiquées. Si je ne me trompe, vous devez trouver là un puissant argument en faveur de ma thèse.

Ce n'est pas, comme vous le pensez, ce fait ancien et entouré pour nous d'obscurité qui a éveillé, attiré mon attention ; ce n'est pas même le fait récent du gouvernement de 1814 si idiotement mutilé en 1830, mais un fait actuel bien autrement remarquable, qui se produit sous nos yeux, à côté de nous, et qui dure sans interruption depuis près de deux siècles.

En présence des continuelles vicissitudes de notre état social, de cette espèce de fatalité qui nous poursuit sans cesse et qui nous empêche de prendre pied, de nous fixer nulle part, cette longue durée, cette suite non interrompue de bons et beaux résultats m'avaient frappé. Une si heureuse stabilité d'une part, une si funeste instabilité de l'autre, me dis-je, ne peuvent tenir au caprice des hommes ou du hasard : il faut qu'il y ait une cause réelle, positive, puissante, pour que ces effets se produisent ainsi de part et d'autre si invariablement.

Est-ce qu'il ne serait pas possible de pénétrer cette cause ?

J'entendais bien dire qu'elle tenait à la diversité des caractères, qui ferait que les institutions qui conviennent à un peuple ne sauraient convenir à un autre peuple.

Mais, est-ce qu'ici l'effet n'est pas pris pour la cause? N'est-il pas certain que les peuples tirent, au contraire, leur caractère des institutions sous lesquelles ils vivent? Tous les grands penseurs ont été d'accord sur ce point. Est-ce qu'il existe, d'ailleurs, dans les esprits, dans les croyances, dans les mœurs et dans les situations, entre les divers peuples de l'Europe, aucune dissemblance notable? Et puis, est-ce que partout et toujours les hommes ne sont pas animés des mêmes sentiments et des mêmes passions? Donc, il était évident pour moi que la cause était ailleurs. Je résolus de la rechercher.

Pourquoi, me dis-je, ne procéderais-je pas à cette recherche, à la manière des observateurs dans les sciences, par l'examen des faits? La politique n'est-elle pas une science et, autant qu'aucun autre, une science d'observation? Certainement la politique est une science, et même la plus difficile de toutes, bien que ce soit celle dans laquelle il soit le plus aisé de passer docteur. Il n'est pas besoin d'études pour cela ; il suffit de se présenter avec trois mots d'un certain jargon et sans autre examen, les plus ignorants d'ailleurs sont les mieux accueillis.

Et c'est probablement de ce renversement de toute raison que vient cet usage étrange que je remarquais de procéder, pour juger en politique, en sens inverse de ce qui se pratique dans les autres sciences. Dans toutes les autres sciences un principe qui amène de mauvaises conséquences est jugé faux, un principe qui donne de bons résultats est jugé vrai. Ainsi, qu'une machine se dérange en fonctionnant, personne ne nie, et moins encore le mécanicien qui l'a faite (parce qu'il a la science), que les lois de la mécanique n'aient été méconnues ; tout le monde convient que ces lois ont été observées, si la machine fonctionne régulièrement et donne toujours les effets voulus.

En politique, au contraire, je voyais qu'un système qui, à tous les essais qu'on a voulu en faire, n'a pu fonctionner sans se détraquer de fond en comble, qui n'a produit que de mauvais effets, que les résultats que l'on devait le plus vouloir éviter; je voyais que ce système était généralement tenu pour le meilleur de tous, et plus particulièrement par ceux qui l'avaient voulu mettre en pratique (parce qu'ils sont ignares). Et je voyais en même temps que l'on s'obstinait généralement à regarder comme mauvais un autre système qui avait produit toute espèce de biens.

Cette façon de juger choquait ma raison au dernier point : elle me parut une folie. Non : ce système ne peut pas être vrai, me dis-je : il y a en lui quelque principe vicieux plus fort que la volonté des hommes ; il faut que quelque loi de l'ordre social y soit violée.

Pour le reconnaître commençons par l'examen des faits. Les faits, il n'y a pas de plus sûrs éléments pour arriver à la connaissance de la vérité.

Je me mis donc à rechercher dans l'histoire les divers faits analogues, afin de m'assurer d'abord si ce système tant préconisé avait mieux réussi ailleurs que chez nous.

J'ai reconnu qu'il avait donné partout les mêmes résultats : partout intermittence d'anarchie et de dictature ; souvent la plus dure tyrannie, jamais la vraie liberté.

Bien plus, dans toutes les républiques dites démocratiques, j'ai trouvé, au-dessous d'un peuple prenant part au gouvernement, un second peuple 'esclaves employé au profit du premier à tous les travaux pénibles et sans aucun droit politique : de sorte que ces prétendues républiques démocratiques n'étaient que des espèces d'aristocraties ; aristocraties trop nombreuses, trop pauvres, trop peu éclairées pour que leur action fût utile ; des aristocraties bourgeoises, si vous voulez, mais nullement des démocraties ayant les mêmes bases que celle que nos faux hommes d'État ont voulu fonder en 1792 et 1848. Outre des différences capitales dans les situations respectives, toutes au désavantage de cette dernière, celle-ci se trouve encore dans des conditions particulières bien plus défavorables pour un fonctionnement régulier. De sorte que ce dernier système de démocratie nous pouvons nous vanter hardiment d'en être les inventeurs. Mais, par malheur aussi, il n'est pas permis de le méconnaître, comme intelligence des principes sociaux, l'invention nous fait descendre au dernier degré de l'échelle des peuples de toutes les époques de l'histoire.

Cette identité de mauvais résultats une fois reconnue, et par là ce système jugé faux, j'ai voulu comparer avec les effets de l'autre système que j'avais en vue les effets chez tous les peuples de leurs diverses institutions.

Or, ce nouvel examen m'a fait constater que tous ces peuples, sans exception aucune, avaient joui de plus ou moins de bien-être, de liberté, de sécurité, de puissance et de durée, selon qu'ils s'étaient plus ou moins rapprochés de cette forme de gouvernement que j'avais prise pour type ; et que, sous tous ces rapports, les peuples démocratiques étaient restés au dernier rang.

Et, enfin, lorsque, arrivant aux temps modernes, j'ai trouvé une nation dont les fastes m'ont présenté une période de cent soixante ans exempte de révolutions, de commotions profondes, de désordres sérieux; chez qui, au contraire, la prospérité au dedans et la puissance au dehors ont toujours progressé d'une manière prodigieuse, et plus particulièrement, notez-le bien, au milieu des secousses et des agitations qui ont ébranlé les peuples ses voisins; chez qui la liberté et l'indépendance humaines ont toujours eu un asile inviolable et inviolé; j'ai dû constater que cette nation, la seule dans le monde prospère, puissante et libre, est aussi la seule par qui cette forme vraie, élémentaire ait été adoptée.

Arrivé là, je vous le déclare, ce fait magnifique, d'une durée sans exemple dans l'histoire, a été pour moi une démonstration mathématique : car j'avais vu cette même nation éprouvant les mêmes vicissitudes que nous, en proie aux mêmes désordres, aux mêmes perturbations, jusqu'au moment où elle s'était réfugiée sous cette institution puissante, sous cette institution providentielle, où sont mis à profit tous les avantages des autres formes de gouvernement, d'où tous leurs inconvénients sont rejetés.

Voilà, me dis-je, le vrai, le dernier progrès auquel l'humanité puisse atteindre! Voilà le seul et unique progrès vers lequel nous devions tendre!

Dites, ne trouvez-vous pas inconcevable, comme moi, que nous n'ayons pas su profiter d'une expérience si décisive? Qu'au mépris d'un pareil exemple, nous nous soyons obstinés durant soixante ans à chercher à travers les essais les plus extravagants un bien-être qui nous a toujours fui, ne nous laissant que déceptions et ruines?

Ne pensez-vous pas comme moi que notre pays, par cette incroyable étourderie, par cette conduite insensée, s'est assimilé à cet homme d'intelligence détraquée, d'ambition désordonnée, qui touche à tout sans prendre goût à rien, entreprend successivement toute espèce d'affaires, se jette dans toutes les tentatives, et d'insuccès en insuccès ruinant sa fortune, son crédit, sa considération, finit par devenir l'objet du mépris de tous?

Quoi! les yeux sans cesse tournés vers cette nation, dès qu'un procédé nouveau dans les sciences, les arts ou l'industrie, vient à se produire chez elle, chacun de nous s'empresse à l'envi de l'imiter pour en tirer quelque petit profit, et tous ensemble nous ne saurons pas nous approprier, en l'imitant, un procédé politique d'une importance si capitale qu'il assurerait pour jamais à nous tous prospérité, liberté et puissance, et que pourtant cette nation met en œuvre sous nos yeux, avec un plein succès, depuis près de deux siècles? Quel est donc notre aveuglement!

O pauvre France! au lieu de suivre un si noble exemple, ne montreras-tu jamais ton émulation qu'en laissant paraître une jalousie qui te rabaisse encore davantage envers cette nation dont tes flatteurs te disent la rivale, lorsque tu es si loin au-dessous d'elle, lorsqu'ils n'ont jamais su faire de toi que son triste jouet? O France aveugle! est-ce que, touchée d'une plus haute ambition, tu ne sauras jamais comprendre qu'en adoptant les moyens qui ont élevé cette nation au-dessus de toutes les autres, tu pourrais bientôt t'égaler à elle, te prétendre avec juste raison sa rivale, et peut-être même la surpasser? O la plus étourdie des nations! est-il écrit que tu n'auras su que gaspiller cette belle intelligence, cette admirable situation, ces immenses ressources, qui, bien dirigées, auraient pu faire de toi la première des nations, et malgré lesquelles, faute de direction, tu vas devenir peut-être la dernière de toutes?

Reprenons le fil de nos idées.

L'examen comparatif des divers faits, m'ayant donc amené à reconnaître que ce dernier était le seul vrai, puisqu'il est le seul bon, j'ai voulu examiner ce fait en lui-même; j'ai essayé de plonger mes regards dans les entrailles de la société pour tâcher d'y démêler la cause interne de ces effets remarquables.

Je crois y avoir réussi.

Eh bien! maintenant réfléchissez de votre côté à tout ce que je vous ai dit; examinez attentivement, d'après ces données, ce qui s'est passé chez nous, notamment depuis soixante ans, ce qui se passe chez nous et autour de nous dans ce moment, enfin, ce qui va se passer; et, je ne crains pas de le dire, à chaque pas, à chaque fait, vous verrez éclater l'irréfragable vérité de ma théorie.

Veuillez remarquer que nous ne sommes pas encore tout à fait lancés dans l'océan tempétueux de la démocratie pure. Sauf les désordres dont vous avez été témoin, qui ne sont à mes yeux que des accidents partiels, ou tout au plus des préludes, la France marche encore d'après les traditions, sous l'impulsion de la charte de 1814. Quoique abolie, cette charte n'a pas encore été remplacée. C'est lorsque nous serons sur une autre mer, sous d'autres vents, c'est lorsque les vagues auront été secouées jusque dans les profondeurs, que vous pourrez apprécier justement la marche et la solidité du navire démocratique.

Oui, cher ami, nous marchons encore sous l'impulsion de la charte de 1814. Et combien je voudrais que vous puissiez vous pénétrer de la vérité de cette observation ! Vous y prendriez une idée exacte de l'excellence d'une institution qui a pu nous régir si heureusement pendant dix-huit ans encore, toute décapitée qu'elle était sortie des mains de l'élément révolutionnaire après l'acte de folie à jamais déplorable du pouvoir exécutif de 1830 !

Je vous écris de longues lettres. Cela vous prouve que mes loisirs sont encore les mêmes, hélas ! Je n'ai pourtant pas épuisé la question, tant s'en faut. J'y reviendrai prochainement pour vous donner les développements promis, et y joindre des observations pratiques : car j'ai vivement à cœur de vous persuader, pour vous rendre prudent, que l'on ne fera que se débattre désastreusement contre d'invincibles impossibilités tant que l'on s'obstinera à se tenir en dehors de ce cercle tracé au bien-être social par la main de Dieu.

Oui, mon jeune ami, dussiez-vous rire de moi, dussiez-vous m'appeler Cassandre, je ne cesserai de vous le répéter, c'est chez moi une conviction profonde : tant que l'élément conservateur ne sera pas constitué comme une barrière infranchissable contre la fougue de l'élément conquérant, notre société n'aura plus que des instants de répit; l'expérience qui tiendra en garde une génération (comme à cette heure) sera perdue pour la génération qui suivra, et de temps en temps, à la faveur des folles impatiences de l'élément démocratique, une nouvelle invasion de sauvages maraudeurs sortant d'embuscade viendra fondre sur elle pour s'emparer en un jour des positions et des biens lentement et péniblement acquis ; nos travailleurs ne seront plus que comme des espèces d'animaux qui n'auront que le temps d'engraisser et sur lesquels on tombera pour les dévorer dès qu'ils seront à point ; une guerre barbare, un choc effroyable entre les éléments légitimes et l'élément révolutionnaire, pareil à celui dont vous avez vu les ravages, aura lieu périodiquement dans ce triste pays ; et notre malheureuse France consentirait-elle, comme je l'y vois disposée, à sacrifier sa liberté, à se mettre pieds et poings liés sous le joug d'un despote, plutôt que d'abjurer pour toujours une ignoble jalousie et une vanité stupide, qu'elle n'éviterait pas encore cette redoutable éventualité. Dans cette situation déplorable de la patrie, faut-il songer seulement à sa prospérité, à sa puissance, à sa grandeur peut-être à jamais perdues !

FIN.

Frappé dans ses plus chères affections par un malheur imprévu, l'auteur s'est trouvé hors d'état de continuer à s'occuper de l'impression de ce travail. Il la reprendra dès qu'il aura pu recouvrer la liberté d'esprit nécessaire.

Paris. — Typographie Panckoucke, rue des Poitevins, 8 et 14.

Lightning Source UK Ltd.
Milton Keynes UK
UKHW022024201121
394308UK00005B/482